LE TEMPS ET L'ESPACE,

DANS LEURS RAPPORTS

AVEC

LES SCIENCES MORALES ET POLITIQUES.

PAR M. JEAN-GEORGE CLAUS,

DOCTEUR EN DROIT, ANCIEN AVOCAT, A FRANCFORT-SUR-MEIN

Traduit de l'allemand sous les auspices d'une Société littéraire, et présenté à l'Institut de France, Académie des sciences morales et politiques.

PARIS.

JOUBERT, LIBRAIRE-ÉDITEUR,

RUE DES GRÉS, 14, PRÈS DE L'ÉCOLE DE DROIT.

1840.

LE TEMPS ET L'ESPACE.

PARIS. — IMPRIMERIE DE FAIN ET THUNOT,
IMPRIMEURS DE L'UNIVERSITÉ ROYALE DE FRANCE,
rue Racine, 28, près de l'Odéon.

LE TEMPS ET L'ESPACE,

DANS LEURS RAPPORTS

AVEC

LES SCIENCES MORALES ET POLITIQUES.

PAR M. JEAN-GEORGE CLAUS,

DOCTEUR EN DROIT, ANCIEN AVOCAT, A FRANCFORT SUR-MEIN.

Traduit de l'allemand sous les auspices d'une Société littéraire, et présenté à l'Institut de France, Académie des sciences morales et politiques.

PARIS.

JOUBERT, LIBRAIRE-ÉDITEUR,

RUE DES GRÈS, 14, PRÈS DE L'ÉCOLE DE DROIT.

—

1840.

PRÉFACE DU TRADUCTEUR.

L'imperfection de l'humaine nature et les limites étroites dans lesquelles se circonscrit l'activité de notre organisme, réagissent vivement sur l'intelligence, et lui font trop souvent regarder comme nécessaires et absolus des faits dont un examen plus sérieux démontre la contingence et la valeur essentiellement relative. Il était réservé à l'Allemagne pensante de soulever une de ces graves questions dont la solution pèse dans l'avenir des peuples. Le *Temps* et l'*Espace*, dans leurs rapports avec les sciences morales et politiques ! tel est le titre hardi qui résume les Méditations de M. Claus, docteur en droit, ancien avocat, sur une des branches les plus importantes des sciences sociales ! Méditations poursuivies avec une laborieuse patience à travers une longue carrière de jurisconsulte, et qui ont subi, dans le contrôle des faits et dans le frottement contre les hommes, une élaboration puissante.

Ces méditations sont consignées dans un ouvrage (*Forschungen*, etc.; *Recherches sur la philosophie du Droit*) dont la brochure que nous traduisons ici n'est qu'un résumé : cependant la doctrine de l'État et du Droit y apparaît manifeste et saisissable : la question est posée !

Le principe de toute justice, selon M. Claus, se réduit en dernière analyse à cette courte formule : « *Prior tempore potior jure;* » parole profonde sur laquelle on n'a point assez réfléchi, et que l'empereur Justinien a reléguée et en quelque sorte cachée dans sa volumineuse compilation. Le système de l'auteur trace définitivement une ligne de démarcation entre le domaine de la jurisprudence et celui de la morale. M. Claus ne conteste pas que la jurisprudence ne soit basée sur la nature raisonnable de l'homme; mais il nie qu'elle le soit sur un sentiment du devoir existant dans le for intérieur, dans la conscience humaine. Or, toutes les théories de droit ont jusqu'à présent reposé sur cette dernière hypothèse, et ont conduit leurs auteurs à d'innombrables contradictions.

Dans un Traité de philosophie du Droit récemment publié, M. le professeur Warnkœnig, de Fribourg, adopte une semblable erreur, et arrive à faire une confusion manifeste entre la jurisprudence et la morale. Nous extrayons de la page 223 du livre ces singulières propositions :

« Dès qu'il est reconnu que le droit consiste en une obligation réciproque, il cesse d'être purement *subjectif*; il sort du domaine de la théorie et de la conscience individuelle, pour devenir *objectif* et pratique. Le droit devient dès lors extérieurement obligatoire, par cela seul qu'il est reconnu ! il devient véritablement droit, dans le sens rigoureux du mot ! »

Ainsi, d'après M. Warnkœnig, tout ce que la pensée humaine comprend sous la notion de droit est le droit lui-même ! Les vœux de la conscience, confondus avec le droit, se transforment en droit ! Ce qui était intérieur devient extérieur et pratique ! C'est en vain que nous avons cherché dans le livre de M. Warnkœnig le comment et le pourquoi de toutes ces choses qui nous paraissent contradictoires. Un autre publiciste, M. Oswald, de Heidelberg, qui a publié un Traité de Droit naturel, ne s'est pas exposé à faire la confusion que nous reprochions tantôt à M. Warnkœnig; mais c'est à l'aide d'un procédé que nous ne saurions passer sous silence. M. Oswald déclare « qu'il n'y a pas de droit ! » Et cette déclaration, il faut bien le dire, a été sérieusement acceptée et défendue par les *Annales de Vienne*. (Voy. t. 79, année 1837.)

En présence d'une pareille anarchie d'idées, que de respectables savants, tels que MM. Schleyermacher et Hegel, ont abritée derrière les mystères d'un langage majestueusement inintelligible, l'apparition d'un système rigoureux et logiquement coordonné, sur le fondement du Droit et de la Société politique, doit être considérée comme un événement d'une haute importance.

La jurisprudence, selon M. Claus, est la science de la justice, c'est-à-dire l'art de juger selon le droit. Or, la science de la justice n'a été rendue nécessaire que par la pluralité des hommes, ou, pour parler plus exactement, par le contact des choses extérieures considérées comme objet des volontés individuelles : il devenait nécessaire de réglementer l'usage et la disposition de la matière d'après un principe qui garantit la liberté de la volonté et prévînt les collisions.

Ce principe, destiné à protéger la liberté, ne peut avoir pour base le désir d'un but accidentel ou contingent; il faut que ce but soit universel, et, par son essence même, propre à l'humanité tout entière ; que ce but existe en prototype dans la raison humaine, laquelle, indépendante du temps et de l'espace, confond en une même unité la cause et l'effet, le vouloir et l'action. La réalisation extérieure du but dont notre esprit conçoit le prototype, est l'État. Mais l'État ne peut pas être une abstraction : il faut un organisme à l'aide duquel le principe social puisse fonctionner et subordonner toutes les volontés particulières à une volonté générale. Toutes les institutions que nous voyons dans l'État ne sont que des moyens destinés à perpétuer ou à faciliter la réalisation du but universel et normal de l'humanité.

La raison humaine, on ne peut le nier, éprouve une tendance irrésistible à chercher les motifs du juste et de l'injuste dans un état de choses qui a préexisté au moment actuel ; une tendance à rétablir cet état de choses et à le purger de toutes les modifications amenées par le temps. Or d'où vient cette tendance ? Pourquoi, tandis que le monde des réalités et les sciences expérimentales s'enrichissent par l'œuvre du temps, et marchent de front avec lui ; pourquoi, dans les opérations de la justice, faut-il faire abstraction du temps et se soumettre au principe : « *prior tempore potior jure ?* »

On trouvera dans les développements que donne l'auteur la preuve presque mathématique d'une vérité qui, jusqu'ici au moins, n'a point paru obtenir faveur dans le domaine de la jurisprudence, à savoir : que les idées fondamentales de toute morale et de toute politique prennent leur source dans un autre ordre d'idées, et sont en quelque sorte empruntées à une sphère d'êtres qui n'admet ni temps ni espace.

La théorie des pactes développée par M. Claus est peut-être la seule capable de satisfaire des exigences logiquement systématiques, et de mettre un terme aux nombreuses et infructueuses tentatives faites jusqu'à ce jour. Cette théorie n'est point un chaînon isolé ; elle appartient à un cadre d'idées rigoureux et complet sur la théorie de la société.

Nous l'avons dit : la brochure dont nous avons entrepris la traduction n'est que le précis de travaux plus complets publiés en 1837, sous le titre de : « *Recherches sur la philosophie du droit*, etc. » C'est là une véritable théorie du droit naturel appliqué aux rapports politiques, à la législation et à la jurisprudence.

L'Allemagne est la terre classique des théories, et les théories juridiques s'y développent avec d'autant plus d'aise que les législations formulées en code et appuyées sur des monuments certains y sont moins fréquentes : aussi n'est-il pas rare de voir les écrivains abandonner le terrain de l'observation et des réalités pour se complaire à suivre jusqu'à l'infini les déductions d'une métaphysique subtile et rêveuse.

Tel n'est point le caractère des écrits de M. Claus, et le lecteur y trouvera, indépendamment des idées doctrinales de l'auteur, des faits judiciaires d'un intérêt aussi vif que récent, et dont l'examen ramène naturellement l'attention sur de hautes questions de droit public et international.

La célèbre affaire du comte de Hallberg, qui a fait une profonde sensation en Allemagne, n'avait point eu jusqu'à ce jour de retentissement au dehors de ce pays, et nous savons gré à l'auteur de nous avoir fourni, par son travail, l'occasion de saisir la presse française d'un différend où l'honneur français peut être intéressé.

Le comte de Hallberg est un des seigneurs dépossédés de leurs domaines cis-rhénans, et auxquels, en exécution de la paix de Lunéville, un Recès d'Empire, du 25 février 1803, assigna diverses indemnités. Le comte de Hallberg reçut notamment, à ce titre, une rente perpétuelle sur quelques abbayes situées en Wurtemberg ; mais le gouvernement wurtembergeois se refusa à servir cette rente. Les réclamations portées à la Diète germanique n'ont eu pour résultat qu'une déclaration d'incompétence, et sans doute il ne restera au comte d'autre ressource que de provoquer l'intervention de la France, sur la non-exécution d'un Recès conclu sous les auspices de cette puissance.

L'auteur traite également, dans son livre, le procès des comtes de Bentinck, cause unique peut-être dans les fastes judiciaires, et où les principes du droit naturel seul durent décider de la validité du mariage et de l'ordre de succession de feu le comte régnant de Bentinck.

L'histoire raisonnée des faits donne lieu à l'auteur d'émettre des observations pleines de justesse et d'esprit sur divers points de la procédure allemande, et notamment sur le défaut de publicité, et sur le manque d'une cour suprême et régulatrice. L'une est une garantie morale, et l'autre une garantie légale de bonne et sûre justice ; et là où cette double garantie n'existe pas, l'arbitraire prend la place de l'équité, et il arrive que les décisions judiciaires sont, non plus des *arrêts*, mais des *services*.

C'est ainsi qu'en Prusse, à l'occasion d'une indemnité réclamée par le général Savary, duc de Rovigo, pour dépossession d'un domaine que lui avait donné l'empereur, le gouvernement prussien revendiqua le droit d'interpréter le traité diplomatique invoqué par le duc de Rovigo ; et c'est en conformité à cette interprétation que le tribunal saisi rejeta la réclamation.

En Wurtemberg, au contraire, les juges saisis de la demande du comte de Hallberg ont retenu l'interprétation du

Recès d'empire de 1803 ; et c'est en se basant sur leur propre interprétation, sur une loi faite par eux, qu'ils ont débouté le comte de Hallberg.

Sans examiner si la qualité du fisc de Prusse et de Wurtemberg, plaidant contre des étrangers, a exercé quelque influence sur la décision du point de fait, il est certain qu'il y a contradiction flagrante entre les principes de jurisprudence de ces deux royaumes ; et que s'il est vrai, comme on l'assure, que la Diète, saisie de l'appel, ait censuré la procédure suivie en Wurtemberg, il est difficile de comprendre comment elle a pu se refuser à intervenir en faveur du comte de Hallberg.

Il paraîtra étonnant que de pareilles anomalies judiciaires puissent être acceptées avec indifférence par l'Allemagne et par les gouvernements confédérés, qui, à ce titre, sont plus ou moins solidaires des promesses faites dans les Actes fondamentaux. Mais il faut se rappeler qu'en Allemagne la liberté de la presse n'existe pas, et que les diplomates qui représentent les gouvernements à la Diète, bien que choisis ordinairement parmi les capacités les plus connues, ne sont pas libres d'obéir à leur impulsion propre, mais astreints à suivre la lettre de leurs instructions. Toutefois, nous n'oserions émettre un jugement qui serait peut-être hasardé, sur un pays où les sciences ont atteint un magnifique développement ; mais nous croyons devoir reproduire les paroles d'un des publicistes les plus renommés de l'Allemagne, M. Murhard (en exceptant, pour notre part, d'une sentence aussi sévère, les ministres des grandes puissances) :

« En Allemagne, les ministres des divers États gouvernent en toute facilité ; car leur prétendue responsabilité se borne à être les courtisans du prince ! S'il n'était pas si facile de jouer le rôle de ministre, on ne verrait pas les portefeuilles entre les mains d'hommes de valeur médiocre et quelquefois d'une entière incapacité (1). »

Ce triste état de choses, qu'il n'est guère permis de révo-

---

(1) Nouvelles Annales historiques et politiques (*Neue Jahrbücher*, etc.) de Fréd. Bulau, n° de novembre 1839, p. 431.

quer en doute, est certainement à un haut point regrettable. Mais ce qu'il faut déplorer encore plus, c'est que la théorie ne craigne pas de vouloir le justifier ; c'est que la plume de certains écrivains trouve des raisonnements en faveur de ce qui est si peu raisonnable, et qu'un certain M. Maurenbrecher vienne affirmer sérieusement « que le droit de régner est un » droit patrimonial, un véritable droit de propriété, *jus » utendi et abutendi.* » Non ! le droit de gouverner, ainsi que le dit M. Claus, repose sur un mandat universel, et ne s'applique à la personne du prince, ainsi qu'à celle de ses héritiers, que parce qu'ils ont été les premiers à remplir ce mandat. *Prior tempore potior jure !* Cette parole explique tout à la fois le droit du prince et le droit de son successeur au trône ! L'ancien droit civil l'avait traduit ainsi : « Le mort saisit le vif, » et le droit public français disait avec une éloquente concision : « Le roi est mort, vive le roi ! »

LE TEMPS ET L'ESPACE,

DANS LEUR RAPPORT

AVEC LES

SCIENCES MORALES ET POLITIQUES.

> « Quand on essaie à se plonger dans
> » les ténèbres de la nature, aucun aperçu,
> » quelque vague qu'il soit, n'est à dédai-
> » gner ; tous les pressentiments peuvent gui-
> » der ; tous les à peu près sont encore beau-
> » coup. Il faut combattre pour la cause de
> » *l'éternité*, mais avec les armes du *temps*. »
> Mad. DE STAEL.

L'étude approfondie de tout ce qui concerne l'esprit humain occupe, à juste titre, le premier rang parmi les travaux de la philosophie. Rien ne semble plus vrai que la maxime posée par M. Max Perty dans son Histoire naturelle : « *Celui qui veut connaître la nature doit commencer par se connaître soi-même.* » Malheureusement, avant de pouvoir nous conformer à ce précepte, nous avons à nous dégager d'une série nombreuse d'erreurs fortement accréditées ; nous avons à réduire à leur juste valeur les objets qui nous entourent, et qui, trop souvent, revêtent une physionomie trompeuse et des couleurs illusoires. Toutefois, un rayon de lumière perce à travers cet abîme d'incertitudes, et peut nous servir de phare. Sa découverte n'est point récente; mais il s'agit aujourd'hui de la faire tourner au profit de la science, et d'en déduire toutes les conséquences légitimes. Ne serait-ce pas cette lumière qui, à l'exclusion de toute autre, nous aide à sonder avec plus ou moins de succès les mystères de notre organisation et *celui de notre avenir?*

Quoi qu'il en soit, tout ce qui émane de la création de l'homme, tout ce qui est produit par son intelligence, nous fournit, pour ainsi dire, un guide, en nous sollicitant à remonter à la source de toutes ces merveilles. Appliquons donc un instant notre attention au phénomène du contact régulier des individus de notre race, et de la paisible contiguïté des objets sur lesquels s'exerce l'activité de l'esprit et de la volonté de l'homme; en un mot, élevons-nous à l'idée générale de ce qu'on est convenu d'appeler *État.* Où pourrions-nous trouver ailleurs que dans notre esprit le prototype de ce phénomène, et le principe d'une science capable de comprendre et d'expliquer l'union normale des forces et le progrès légitime de l'humanité?

L'idée de ramener ce principe à une lutte entre notre raison et le temps et l'espace, pourra sembler bizarre au premier abord : et cependant nous prétendons rattacher à cette base toutes les branches de la philosophie, et surtout la philosophie sociale; nous prétendons que l'anthropologie métaphysique, ou la psychologie, peut se réduire à la connaissance des deux grandes fonctions de l'esprit humain : *l'intuition sensuelle*, c'est-à-dire la perception objective formalisée et modifiée par l'espace et le temps, et la *réaction subjective*, c'est-à-dire la tendance spontanée du moi intellectuel à repousser l'influence de la forme et à proclamer sa propre indépendance.

Celui qui, obéissant à l'impulsion de son esprit, remonte à la cause d'un effet quel qu'il soit, ou, en d'autres termes, celui qui lie dans son for intérieur la représentation de la *cause* avec celle de l'*effet*, ne fait pas autre chose que supprimer l'intermédiaire qui séparait les deux perceptions. *Il franchit, pour les unir, le temps et l'espace.* Supposons que cette faculté d'abstraire soit dégagée des limites qui étreignent notre entendement, le temps et l'espace cesseront d'être pour nous. Et s'il est vrai que l'esprit humain n'arrive point à confondre en une seule et même pensée la cause première et les conséquences les plus ultérieures de toutes choses, il n'en est pas moins vrai aussi que nous tendons sans cesse à exercer cet attribut de la puissance souveraine. Nous éprouvons tous le besoin de poursuivre les rapports de causalité, et on peut affirmer que plus nous avons acquis de promptitude et d'habileté à saisir ces rapports, plus nous avons complété notre développement intellectuel et moral.

La causalité (*Causalität*), considérée objectivement, n'est autre chose que *le lien essentiel, l'unité entre deux ou plusieurs choses extérieurement séparées par le temps ; unité que le temps nous déguise*, mais que la raison saisit. Pris dans le sens subjectif, le mot causalité (ou plutôt esprit de causalité) signifie *un instinct de l'âme humaine, une tendance à se représenter en parfaite unité les choses qui sont essentiellement connexes, malgré la forme de la représentation sensuelle, malgré le temps qui* les sépare en leur prêtant un caractère de pluralité (1).

Après avoir ainsi reconnu l'empire de la faculté la plus sublime de l'esprit de l'homme, tâchons d'examiner de plus près les formes évidemment subalternes de nos intuitions sensuelles.

Tout d'abord, on est conduit à se demander : Qu'est-ce que le *temps*, cette forme de nos représentations, qui semble non-seulement présider à toutes nos perceptions, mais servir, pour ainsi dire, de passage à l'autre, celle de l'*espace ?* mais il sera difficile de trouver une solution satisfaisante.

Le temps est certainement le terme contraire de l'éternité, mais non pas de cette éternité si effrayante que les notions étroites de la multitude supposent composée de portions de temps indéfiniment accumulées. Une pareille logique, comme on

---

(1) L'auteur attache aux expressions qu'il emploie un sens très-abstrait et indépendant de toute empreinte des formes sensuelles de l'intuition, en un mot, indépendant de tout ce qui est accidentel. La langue allemande se prête avec une rare facilité à cette méthode : ainsi le mot *Zweck* s'emploie subjectivement pour signifier *volonté, intention, velléité*, etc., et, objectivement, pour indiquer l'objet de la volonté, la matière, l'action, le but et la réalisation. En séparant ainsi tout ce qui est accidentel, l'auteur arrive à exprimer par le seul mot *Zweck* l'unité raisonnable ou le rapport de causalité qui subsiste entre la volonté et son objet. Nous souhaitons surtout que le lecteur, pour l'intelligence de ce qui suit, se pénètre bien de ce rapport de causalité ou de l'union que l'auteur établit entre la cause et l'effet. Où pourrait-il, par exemple, trouver ailleurs la source de ce lien mystérieux, sur lequel, en dernière analyse, repose toute propriété ? (*Note du traducteur.*)

le voit bien, n'aboutirait qu'à se promener dans un cercle vicieux. Il sera donc plus sage de renoncer à trouver une définition exacte du *temps*, de cet être mystérieux, si l'on veut, de la forme d'une forme. Contentons-nous d'approcher de la vérité en généralisant le caractère dont le temps revêt les objets de nos représentations. Nous y trouvons : *pluralité, multiplicité, nombre, suite, succession, répétition, extension, distance* et *mouvement* (1).

L'espace, en tant que ces divers caractères peuvent lui être appliqués, se présente à nos perceptions sous la forme que le temps lui imprime ; l'espace est relatif, quant à nos sens ; il est *plus ou moins*, et subit l'empire du temps. Considéré comme forme de représentation, l'espace, de même que le temps, n'admet pas une définition complète, et ici aussi on est réduit à s'en tenir au caractère qu'il imprime à nos perceptions : existence distincte, juxta-position. Il est impossible de donner de l'espace une définition plus exacte.

Le temps et l'espace n'auraient-ils donc d'existence que comme formes de représentation ? Cette dualité d'êtres mystérieux ne serait-elle en dernière analyse que déception et néant ?

L'instinct de la causalité, ce trait sublime de notre nature, semble donner du poids à cette hypothèse, lorsqu'il triomphe du temps et de l'espace, lorsqu'il réduit toutes choses à l'*unité*, à la *simultanéité* absolue.

L'expérience, ce guide inséparable de notre en-

---

(1) Il est essentiel pour l'intelligence de ce qui suit, de bien se pénétrer de ces notions.

fance, tend à chaque instant à nous rejeter dans le doute et l'incertitude. Une foule de questions semblent accabler notre esprit. Pourrions-nous nous passer du monde visible et de cet incommensurable empire d'une création sans fin ; que dis-je! de notre existence, de l'univers entier, où nous retrouvons sans cesse l'empreinte du temps ou de l'espace ? Qu'en serait-ce de ce code universel du temps et de l'espace, que nous lisons dans l'arithmétique et la géométrie ? Rien de plus évident que la destination et l'empire de ce double code sur un univers dont l'infinité nous étonne et confond l'esprit le plus hardi. Ces codes, dans les lacunes mêmes que nous y croyons découvrir (par exemple, dans les nombres irrationnels et dans le carré du cercle); ces codes, que la science semble ne pouvoir connaître que par une approximation sans fin ; ces codes, dit-on, en tant que notre science y a su faire des progrès solides, nous inspirent un sentiment confus d'admiration, mais en même temps celui de notre propre dignité. Ils nous flattent par la pensée d'une participation à une législation aussi vaste et aussi merveilleuse ; et nous sommes tout à la fois esclaves et maîtres de l'univers, écoliers qui étudient ses lois et législateurs qui les promulguent ; nous dictons les lois des courbes coniques, et les planètes soumises à nos tracés accomplissent, avec une docile exactitude, leur révolution autour du soleil !

Jamais cependant les lois de l'espace ne combattent celles du temps ; elles semblent au contraire leur céder une place privilégiée dans l'esprit de l'homme : car c'est le temps qui rend toutes choses *sensibles et perceptibles* ; c'est le temps qui donne à l'espace un caractère *objectif*, qui le fait apparaître comme *plus* ou comme *moins*. Les lois de l'espace et du temps permettent au valet de juger le maître, et à l'écolier de tenir école à son tour (1).

Préoccupé de toutes ces réflexions, qui peut-être demanderaient de plus amples développements, nous nous sommes demandé : Qui est-ce qui a promulgué ces lois organisatrices de l'univers, qui gouvernent l'infini lui-même, et au-dessus desquelles néanmoins semble

---

(1) Il existe certains motifs qui dirigent le jugement de l'homme, et en vertu desquels la société accorde forcément à ses membres un pouvoir fort inégal : ces motifs forment la base de l'autorité rationnelle. Tel est, par exemple, le goût ; telles sont les abstractions, les théories fournies par l'expérience. Mais les motifs qui reposent sur le code du temps et de l'espace (l'arithmétique et la géométrie) ne reconnaissent aucune autorité. Le jugement émané d'un pouvoir ou d'un tribunal, et qui repose sur une faute de calcul, ne doit avoir aucune valeur ; en vertu des lois constitutives de toute autorité, un pareil jugement doit être essentiellement nul : *vires rei judicatæ non obtinebit*. Il n'y a point d'irrévérence à l'écolier à signaler une faute de calcul de son maître. Signaler une faute de calcul, c'est renverser les résultats de l'opération : c'est refuser d'avoir foi en l'œuvre. Mais n'y aurait-il pas sottise et absurdité dans le fait du pouvoir qui réclamerait du respect même pour ses erreurs de calcul ?

Il est telles choses dans la vie qui ne reposent point sur les lois du temps et de l'espace, mais sur des lois analogues, à l'encontre desquelles toute prétention de l'autorité sera toujours vaine et ridicule. L'empereur Sigismond fut très-ridicule lorsque, averti qu'il venait de dire par erreur : *Hæc schisma*, au lieu de *hoc*, il répondit : « Eh bien ! qu'à l'avenir ce mot neutre devienne féminin. » Les lois de la grammaire sont au-dessus de toute autorité. (*Note du traducteur.*)

planer une incompréhensible puissance de notre esprit, qui les qualifie d'illusion et de surprise ? Les solutions de la théologie à cet égard ne nous contentent point ; car, si l'on nous parle *du créateur,* nous demanderons encore : Ce créateur est-il le principe du bien ou celui du mal, ou les confond-il tous deux en une seule unité puissante et souveraine ? Quel est le but perceptible et prochain de la création, des lois du temps et de l'espace ?

S'il y a eu des philosophes disposés à n'y voir qu'un jeu assez cruel des puissances célestes, on pourrait leur opposer avec fondement que des moyens moins compliqués auraient suffi à ce triste résultat.

Pourquoi le génie qui aurait voulu le mal se serait-il prêté à la magnifique combinaison d'un système organique des mondes ? et pourquoi l'idée d'une participation quelconque à la législation de l'univers inonde-t-elle l'esprit humain d'un secret et irrésistible orgueil ? Toutefois la raison pourra demander encore pourquoi les mystères de la création dont l'homme peut approcher en ce qui concerne l'espace et le temps, lui restent impénétrables et célés dès qu'il s'interroge sur ce qui les remplit l'un et l'autre, sur l'essence de la matière ?

Le peu que nous savons ou que nous croyons savoir de l'essence de la matière ne nous ramène-t-il pas toujours à un conflit entre les formes de nos perceptions et la puissance secrète de notre esprit qui réduit ces formes au néant, et qui n'admet partout que la loi de l'unité, tandis que nos perceptions présentent une multiplicité indéfinie ? Les atomes eux-mêmes, ces subtils hochets à l'usage des savants, ne viennent-ils pas, en dernière analyse, démontrer le néant dont ils sont et auquel ils retournent, selon l'affirmation de la raison? Mais soyons justes : ne serait-il point, d'un autre côté, incontestable que les lois de l'espace et du temps ne gouvernent pas exclusivement le petit monde que nous connaissons, mais un *univers* dont la grandeur échappe à notre conception? que ces mêmes lois étendent encore leur empire sur une sphère opposée, mais également inaccessible à nos sens, et dont le microscope solaire peut à peine nous faire soupçonner les linéaments les plus extérieurs? Nécessairement ces lois doivent avoir une portée trop vaste pour qu'il soit permis de supposer qu'elles aient été formulées dans le but de fonder l'erreur et de perpétuer les déceptions de l'esprit humain. Il est concevable que beaucoup d'érudits, touchés de ces motifs, se soient prononcés d'avance contre toute philosophie qui oserait mettre en problème la réalité des éléments qu'ils considèrent comme essentiels, la réalité du temps et de l'espace. Naguère encore M. le docteur Nürnberger voulut trouver fort étrange toute conception de l'éternité, formulée autrement que comme une agrégation de portions de temps, unies l'une à l'autre et formant un seul tout. Les moyens que ce docteur astronome propose pour remplir cette continuité indéfinie, se réduisent à des voyages de curiosité et à des visites réciproques dans les planètes, où l'on ne manquerait pas de trouver de charmants berceaux et des *entretiens pleins d'intérêt* sur les particularités qui distinguent tous ces mondes, et dont le savant docteur veut bien nous donner un spécimen (1).

---

(1) Nous ne comprenons guère comment le genre humain

Sir John Herschel, dans son *Traité d'astronomie* (1), pose cette question : « A quel dessein pen» sons-nous donc que ces astres magnifiques aient » été dispersés dans les abîmes de l'espace? Ce n'est » pas sans doute pour briller comme un vain spec» tacle vide de sens et de réalité. Non, il fau» drait avoir étudié l'astronomie avec un esprit » bien étroit pour s'imaginer que l'homme soit » l'unique objet des soins du Créateur, et pour ne » pas voir, dans ce vaste et admirable appareil qui » nous entoure, un plan qui se rapporte à d'autres » races d'êtres animés; les astres, sans aucun doute, » sont eux-mêmes des soleils, et les centres autour » desquels circulent d'autres planètes ou d'autres » corps dont nous ne saurions avoir d'idée, mais » tous habités aussi bien que la terre ! »

Rien assurément de si intéressant que les réflexions de cet homme célèbre; mais après avoir examiné les oscillations qui, d'après lui, font que notre système solaire se contiendra dans un état semblable à celui d'aujourd'hui, il en tire la conséquence : *«que » l'arrangement actuel de ce système est tel que » rien ne s'oppose à sa durée éternelle.»*

---

s'y prendra pour goûter les jouissances que lui promet le docteur Nürnberger, puisque en quittant notre existence temporelle nous perdons aussi l'usage des sens qui nous servaient d'instruments. Au surplus, quelles que soient ces jouissances et quel que soit le procédé du savant docteur pour nous les assimiler, nous sommes de ceux qui redoutent l'ennui des choses très-longtemps répétées ou prolongées, fût-ce même les félicités promises par M. Nürnberger. (*Note du traduct.*)

(1) Traduction d'Augustin Tournot.

Ce serait évidemment faire tort au savant astronome que de croire qu'il a voulu entrer ici dans le domaine de la métaphysique. Il n'a parlé qu'à titre de connaisseur des lois de l'espace et du temps ; car, sans cette réserve, il n'eût pas manqué de traiter la question générale de la durée éternelle de la matière avant celle de son organisation dans notre système solaire. Lors même qu'il serait démontré que le principe du mouvement des corps célestes composant notre système solaire exclut toute idée de conflit, et lorsqu'on admettrait, avec M. Herschel, que la disparition apparente de certaines étoiles fixes n'est autre chose qu'une éclipse produite par leurs propres planètes, on n'en pourrait pas tirer la conclusion infaillible d'une durée perpétuelle. Herschel n'a, du reste, pas conclu ainsi, même en ce qui concerne le mouvement organique de l'intérieur de notre système solaire : mais il résulte de tout cela que l'astronomie, en révélant une réalisation parfaite et sensible des lois de l'espace et du temps à ses initiés, les rend de plus en plus moins disposés à douter de la réalité de l'espace et du temps.

Notre instinct et notre puissance de causalité nous fourniront bientôt des indications nouvelles. Si nous recherchons les causes de tout ce qui s'offre à notre perception dans le temps et dans l'espace, nous nous verrons souvent dans la nécessité de nous arrêter devant notre propre *causalité* active ou procréante et devant celle de nos semblables.

L'analyse de certains phénomènes tels que la nutrition, qui nous conduit au fruit, puis à l'arbre, puis au noyau, nous fait remonter infailliblement jusqu'au Créateur. Mais il est d'autres objets dont la cause première se manifeste plus immédiatement, et nous défend, en quelque sorte, de pousser plus loin nos recherches. Ainsi, quand nous voyons une église, un tableau, une statue, une pyramide égyptienne, nous ne saurions nous dissimuler que c'est la volonté humaine qui a créé ces objets, et qui en est la cause. Notre esprit de causalité, notre tendance à remonter à la cause première de toutes choses, peut alors s'arrêter dans la contemplation de la volonté humaine. La question de savoir qui a doué l'homme de ce pouvoir créateur (causalité active) fera l'objet d'une recherche ultérieure. Mais l'homme est, en apparence, la cause première des phénomènes. Nous nous considérons nous-mêmes comme causes génératrices ; nous nous attribuons un pouvoir créateur : et comme l'expérience nous force à l'accorder aussi à nos semblables, nous reconnaissons une pluralité d'organisations adæquates. Ce n'est que la raison ou la *causalité pensante* qui nous fait croire que cette pluralité enfantée par le temps cessera tôt ou tard.

Or, aussitôt que l'homme, dans son for intérieur, s'est élevé à se reconnaître à lui-même et à sa race un pouvoir créateur, et qu'éclairé par l'expérience il reconnaît une *pluralité* d'êtres placés sur la même ligne que lui et doués des mêmes facultés, il ne peut remonter, d'après ce que nous avons reconnu plus haut, *à une cause commune et finale de cette pluralité*, sans comprendre cette dernière cause dans une même *unité avec l'ensemble de ses effets*. Cependant l'effort du sens de la causalité, pour concilier cette *unité absolue* avec *la pluralité* que l'expérience lui révèle, forme l'*impératif catégorique* que la raison dicte à la volonté humaine. Son application aux phénomènes qui s'offrent dans le temps et l'espace désigne la sphère de la *morale* et de la religion naturelle, et celles-ci opèrent sur la volonté de l'homme, sur les conceptions spontanées ou *sur la forme* de ses créations, en lui rappelant, à travers les impressions du temps et de l'espace, l'unité de son être avec celui de ses semblables (1) et avec leur cause commune. La morale et la religion naturelle s'identifient dans leur

---

(1) Le scrupule des Bramins, en n'excluant d'une pluralité semblable que les organisations purement végétales, ne doit pas nous paraître ridicule, mais bien plutôt offrir un vaste sujet de réflexion aux esprits sérieux.

Quant à nous, qui n'avons pas l'honneur d'être Bramins, il ne nous reste, pour nous croire élevés au-dessus des organisations mues par l'instinct, d'autres titres qu'un pouvoir mystérieux et sublime, celui d'une *causalité* objective et subjective, c'est-à-dire d'une causalité qui découvre l'unité des choses du dehors et d'une autre qui produit. Si nous supposons que les animaux que nous connaissons en soient privés, nous n'avons pour nous que les indices que nous semble fournir notre expérience; mais si nous accordons sur ce point à l'expérience une autorité décisive, pourrons-nous la lui refuser lorsqu'il s'agit de l'animal humain, et de la question de savoir si le caractère distinctif de *causalité* et de *réflexion* est inséparablement attaché au physique de l'individu ou à l'extérieur de sa figure, et jusqu'à quel point ? si à la tête ou à telle autre partie du corps ? et, enfin, si c'est le caractère physique ou celui de la perfectibilité morale qui doit nous mettre à même d'accorder ou de refuser la qualité d'homme ? Toutes ces questions stimulent puissamment la réflexion humaine !

source commune, c'est-à-dire dans l'esprit de causalité ou dans la raison humaine.

Maintenant, après avoir trouvé le principe de la science qui s'occupe de la volonté humaine, source de ses créations, il nous sera facile de trouver le principe d'une autre science, hypothétiquement nécessaire, qui opère exclusivement sur la matière des tendances et des conceptions de la volonté, en levant les difficultés que le temps et l'espace ou *la pluralité* des individus opposent à leur réalisation. Nous la verrons prendre sa source dans cette volonté même, c'est-à-dire qu'elle écarte les obstacles provenant du conflit de la matière ou d'une contiguïté que la pluralité et la coexistence ont fait naître. Appelons-la *science de l'état social ou du droit*.

Nous verrons plus loin que l'État n'est autre chose que la réalisation plus ou moins heureuse d'un type inné ou d'une existence purement idéale, exempte de tout conflit provenant du temps et de l'espace.

Quelques réflexions préliminaires cependant ne seront point inutiles ici.

Le vulgaire, dans tous les pays et parmi les adhérents de toutes les sectes, a toujours paru attacher un caractère de *sainteté* (ressemblance à la Divinité) aux efforts des individus qui, non contents des vertus civiques et profanes, ont aspiré à être complétement indépendants des effets de la pluralité et du contact de leurs semblables, en un mot, du temps et de l'espace. Tels furent les *anachorètes*, qui se défendirent physiquement par *l'espace même* de tout contact avec le reste des humains; et les *cénobites*, qui, pour faire cesser toute *pluralité*, usèrent d'un moyen plus raisonné, en établissant des sociétés ou unions parfaites, tant pour la forme que pour la matière de leur but, puis isolant plus ou moins ces unions elles-mêmes du reste des vivants.

En nous bornant uniquement à l'examen des phénomènes de la conscience intime, nous trouverons qu'il y a dans l'âme humaine les signes indélébiles de la puissance dont nous avons parlé tantôt.

Qu'est-ce que l'espérance, si ce n'est l'oubli du temps, une victoire remportée sur lui? Qu'est-ce que la peur, si ce n'est un appel au temps, une victoire qu'il remporte sur nous? Les héros que nous admirons ne tiennent pas compte du temps et s'emparent de l'avenir par l'espérance. Les timides que l'on plaint, les lâches qu'on méprise sont asservis au temps; ils s'y attachent en craignant l'avenir; *ils temporisent !* Peut-être nous objectera-t-on la jouissance que nous procure le conflit entre ces deux dispositions de l'âme humaine; mais le jeu lui-même, l'oscillation de l'âme entre la peur et l'espérance, quelle jouissance pourraient-ils offrir si ce n'est la probabilité du triomphe de l'espérance? Le *jeu* et le *combat* sont des mouvements analogues; l'un et l'autre, il est vrai, ne s'ennoblissent que par le but qu'on poursuit; mais l'un et l'autre n'en auront pas moins des partisans fougueux, malgré Kant et les pieux désirs de son beau livre! l'un et l'autre enfin semblent former le levier qui sert aux desseins cachés de la nature, *mère de tout mouvement.* Si le ciel a disséminé les étincelles de son être, c'est évidemment pour les voir se réunir sous la loi du mouvement; ce qui pourrait lui résister dans ce monde, comme génie du mal, ce serait la volonté humaine enchaînée par un principe stationnaire (1).

Ces dernières considérations nous ramènent à nos déductions, qui se sont arrêtées aux conséquences tirées de la pluralité des individus. Or le conflit qui se manifeste dans la matière ou entre les objets de

---

(1) **M.** Spurzheim et les phrénologues se verraient peut-être plus efficacement secondés dans leurs recherches, si la *psychologie ne leur représentait les facultés de l'âme humaine que dans leur dernière analyse.* La tendance à la causalité semble pouvoir tenir lieu de la raison pure et, en même temps, de la raison désignée par les philosophes sous le nom de pratique ou de velléité, ainsi que du penchant religieux. De même, les représentations qui portent l'empreinte du temps et de l'espace pourraient former une catégorie particulière; nous pouvons considérer comme telles toutes les opérations du jugement, de l'expérience et de la réflexion. Qu'est-ce en effet que *penser*, si ce n'est emprunter les lois de l'arithmétique et de la géométrie, pour les appliquer aux représentations de quelque nature qu'elles soient? L'expérience, p. e., pourrait bien nous fournir la pensée que la matière en général n'est pas plus réelle que l'espace qu'elle occupe. Si nous faisons usage successivement du microscope et du verre concave, il dépendra de nous d'agrandir ou de diminuer la création. Quelle est donc sa grandeur véritable et réelle? Si nos instruments ne suffisent point pour le découvrir, rien au moins n'empêche de joindre, à la pensée d'une grandeur infinie, celle d'une progression géométrique de rapetissement sans fin qui ramènerait tout au néant. Grandeur et diminution poussées l'une et l'autre à l'infini n'aboutissent que là. Il n'y a point de grandeur absolue, il n'y a que des proportions. Nous serions fort étonnés, si nous pouvions voir par les yeux d'autrui, de trouver toutes les choses plus petites ou plus grandes que nos propres yeux ne les avaient représentées.

la volonté essentiellement mobile des Coexistents, est précisément ce qui a ramené les hommes à l'état social proprement dit, et à un principe souverain de répartition de la matière. Mais ce n'est guère ce changement ou cette succession seule de tendances imprévues, en un mot, ce n'est pas le temps qui aurait pu réaliser sitôt le miracle d'une pareille réunion, si le contact des matières n'y avait pas puissamment coopéré. C'est en vain aussi que nous en chercherions les premières manifestations ailleurs que dans les parties du globe qui offrent de quoi satisfaire aux besoins des individus, et qui, conséquemment, sont les mieux peuplées. L'*espace*, qui sans le *temps* n'existerait pas, a même ce caractère spécial qu'il ne se prête pas de sa nature, en entier et impunément, à l'usage de tous les êtres vivants. Ce n'est que le *temps* qui s'offre sans partage à la *jouissance* de l'univers; l'*espace*, au contraire, cette pomme de discorde, occupé par un être quelconque étendu de sa nature, se refuse nécessairement à l'occupation de toute autre.

Si le temps, source de toute pluralité, de toute succession et de toute inconstance, n'agit pas directement, il semble au moins, par son union avec l'espace, devoir mettre en problème la paix des mortels. L'un les rassemble et l'autre les divise. Si nous n'en constatons pas, chaque jour, les funestes conséquences, l'histoire est là qui ne nous fournit que de trop nombreux arguments. Que si nous combinons, en hypothèse, un surcroît de population avec un concours malheureux de volontés, nous tomberons dans les déplorables excès de la Chine infanticide, peut-être même dans ce « *bellum*

» *omnium contrà omnes* » qui ne respecte plus rien (1).

La jurisprudence, ou la science de l'état social proprement dit, nous présentera donc la doctrine d'une pluralité de volontés dans le temps et l'espace, ou une politique à l'usage des êtres raisonnables, comme les mathématiques nous présentèrent la doctrine ou les lois de la pluralité et de l'espace en général. Celles-ci gouvernent la matière comme telle ; la jurisprudence, au contraire, ne la gouverne qu'autant que cette matière est liée à la volonté comme objet. La jurisprudence ne peut donc se laisser guider par les lois de la matière ; elle doit, au contraire, assujettir la matière au principe d'une volonté déterminée.

Or, après avoir reconnu l'accord unanime et le besoin de s'assurer une telle existence, un tel ordre de buts, on ne manquera pas de reconnaître les difficultés que les lois de la matière font surgir. Il est vrai qu'en voyant se heurter les objets que convoite la volonté mobile et inconstante de nos semblables, on découvre en même temps un antidote issu de la même spontanéité ; savoir, *les pactes* qui rétablissent la *paisible coordination entre les buts* protégés par la raison. Mais en suivant le mode de réalisation de notre volonté jusqu'au détail

---

(1) L'état social et la politique même la plus raffinée ne sauraient malheureusement offrir une garantie certaine contre des accidents ou des extrémités d'une nature si accablante et si dégradante pour la nature humaine. Toutefois l'éducation publique n'en doit pas moins poursuivre sa mission sans découragement.

complet de cette réalisation, combien de difficultés ne rencontrerons-nous pas dans le temps et dans l'espace? Ce qui semble se présenter à notre raison comme unité parfaite, n'est souvent pas ainsi ; le temps s'y mêle encore. Les consentements de l'un et de l'autre contractant manquent de simultanéité parfaite : l'un consent quand l'autre a cessé de vouloir. La législation positive elle-même n'a presque point osé toucher cette difficulté, qu'il lui serait d'ailleurs impossible de résoudre complétement. Il est vrai que les Romains inventèrent leur *unité d'acte*, et surtout leurs *stipulations*, sortes de *comédies* où les parties contractantes, écartant tout intervalle, devaient, pour ainsi dire, fondre l'expression de leur consentement en une seule parole. Cet expédient leur parut seul former un *contrat véritable*, produisant une obligation *stricte*; quant aux autres conventions de coïncidence moins formelle qu'ils se virent depuis dans la nécessité de reconnaître, ils se contentèrent de les recommander à l'appréciation équitable du juge, sous la dénomination de *contractus bonæ fidei*. Ajoutons enfin aux difficultés inévitables naissant du temps, celles que l'espace et l'éloignement des parties stipulant par écrit peuvent engendrer, et l'on comprendra facilement que souvent le pacte qui devait faire cesser la discorde et régler les différends, en ait plutôt augmenté la violence, surtout lorsqu'il s'agit de conventions de souverains non sujets aux lois positives. N'avons-nous pas eu récemment l'exemple d'une convention, ou plutôt d'une prétendue convention, qu'on a voulu faire valoir malgré les *sept* ou *huit* années de distance qui s'étaient glissées entre le consentement de l'une et celui de l'autre partie (1)?

Supposons enfin aux mortels des désirs qui ne se heurtent ni dans l'espace, ni dans le temps, ni par le mouvement, et l'on reconnaîtra qu'alors il n'y aura plus matière à une doctrine de l'état social. *Le véritable type de cet état* existera, mais il lui manquera tout sujet d'*application*. Dans l'hypothèse contraire, la sphère de la doctrine du droit naturel ne peut consister que dans l'éloignement des difficultés que le temps et l'espace opposent à un état de volonté ou de causalité extérieurement productive et non troublée : en un mot, dans le rapprochement avec le type que nous avons indiqué plus haut.

Mais comment y parvenir? Nous répondons : Dépouillez les objets de la volonté humaine de toute empreinte du temps et de l'espace; soumettez-les à la raison, c'est-à-dire, comparez-les au type que nous avons posé, et en généralisant ainsi ces matières, vous trouverez, en dernière analyse : *unité absolue de buts ayant pour objet le principe d'un état de volonté assuré contre les suites de la pluralité et de l'inconstance.* Voilà donc une *société* fondamentale servant à la réalisation d'un principe, une société émanée de notre volonté, indépendante du hasard et par conséquent *absolue*. C'est elle qui forme la *société* dite *humaine*; elle seule peut prétendre à l'universalité; elle seule n'exclut ni les femmes, ni les enfants, ni les absents; elle

---

(1) Le fameux traité des 24 articles qui sépare la Belgique de la Hollande.

seule est indépendante du temps et de l'espace; c'est sur elle que repose le phénomène de l'état qui, comme nous le verrons, n'en est que la réalisation.

Le point où nous nous voyons ici est précisément celui où sont venus échouer tant de systèmes, qui avaient assimilé la société publique à toute autre société de buts matériels et facultatifs; par exemple, aux sociétés de commerce, etc.

Cette société, quoique *purement de principe*, n'est pas pour cela entièrement impuissante. Elle se réalise au contraire, parfois même sans le secours des institutions qui, dans les États organisés, prêtent aux principes de puissants organes.

Mais l'expérience ne nous en présente guère l'exemple que dans des contrées peu habitées, ou moins peuplées qu'elles pourraient l'être à raison des moyens de subsistance qu'elles fournissent. Encore faut-il là des mœurs naturellement douces, et un certain égard pour ce qu'on appelle opinion publique. C'est, par exemple, dans quelques parties de l'Arabie occidentale et méridionale, aux îles Kuriles, etc., que des voyageurs dignes de foi ont trouvé des tribus et même des villages, dont les habitants ignoraient complétement ce que c'est qu'une autorité ou un juge. C'est enfin notre société de *principe* qui préside également, mais avec plus ou moins de succès, à la coexistence des *États indépendants entre eux*. L'opinion publique, juge, il est vrai, bien sujet à corruption, est tour à tour invoquée par eux; mais parmi toutes ces coexistences ou *sociétés de pur principe*, ce principe même, au premier incident qu'amène le temps, ne repose que sur une très-faible garantie !

Après avoir ainsi posé le principe de la société dite humaine, il nous sera permis d'en déduire quelques conséquences relatives aux questions politiques récemment soulevées par des jurisconsultes.

Toute société, dans l'acception juridique ou politique de ce mot, se forme par un mandat ou par une mission essentiellement réciproque (1). Il en est ainsi de cette société fondamentale qui a pour objet le principe inné d'une volonté extérieurement non entravée. Si actuellement nous concevons un état naturel dans lequel les hommes seront rapprochés dans l'espace et mis en conflit par les tendances et les besoins individuels, *chacun aura la mission ou le mandat nécessaire et tacite de fonder ou de créer l'état de société normale d'une volonté non entravée extérieurement*, c'est-à-dire de vaincre les obstacles que la pluralité oppose. C'est pourquoi les héros qui ont rempli cette mission *tacite ou rationnelle*, et qui se sont signalés les premiers en combat-

---

(1) Le mandat se forme par un rapport de causalité (*Causal Verhältniss*), qui subsiste entre la volonté de l'un et celle de l'autre. Combinons ce rapport de causalité avec celui de la réciprocité, et nous aurons nécessairement unité parfaite dans la forme et la matière du but, c'est-à-dire la société.

Voir pour plus amples développements les *recherches* de l'auteur sur la *Philosophie du Droit*. Ce n'est qu'après avoir examiné de plus près la nature de la société, chef modérateur de tout contact d'une pluralité raisonnable, que l'auteur a cru pouvoir tenter la solution des autres problèmes politiques.

tant avec succès la puissance plus ou moins formidable des ennemis de la sûreté et du bien-être social, sont devenus chefs politiques ou princes; ils ont rendu débiteurs tous ceux qui ont profité de leurs efforts en vertu de l'axiome essentiel à la société : *ut omnium contributione sarciatur quod pro omnibus datum est* (1).

A l'occasion de la délivrance de Salerne, que les Normands protégèrent contre une armée de Sarrasins, un historien du mérite le plus éminent s'est écrié : « Il » est bien naturel que les peuples, dont ces héros » avaient ranimé la valeur, s'accoutumassent à leur » obéir par admiration et par reconnaissance. »

Il est évident que ce fut le mérite qui servit ici de titre au pouvoir.

Ce n'est pas en vertu de ce qu'on *allait faire*, mais en vertu de ce qu'on *avait fait* et de ce que l'on continuait à faire, que naquit originairement le pouvoir politique ou souverain. *La dette seule de la société*, pour des sacrifices ou de grands efforts non encore remboursés, a pu servir de base au *patrimoine transmissible aux héritiers*. C'est là ce qui nous semble le principe initial et exclusif ou la base rationnelle de toute *hérédité de trônes;* c'est au moins celle que la philosophie admet partout où les bases historiques viennent à manquer, et qui, là où elles ne manquent point, pourra leur servir d'appui. L'idée d'un mandat tout particulier ou d'une mission amenée par le ha-

---

(1) Cet axiome est développé dans un chapitre des *Recherches* de l'auteur *sur la philosophie du Droit (Forschungen)*. Voir p. 74. (*Note du traducteur.*)

sard, de gouverner ses semblables, telle qu'elle fut conçue par Rousseau, Klüber et tant d'autres, est évidemment insuffisante et ne pourrait fonder ni un patrimoine, ni même une successibilité quelconque. *La force* ou la puissance, et *le mandat nécessaire* que nous avons reconnu souverainement réciproque et amenant pour conséquence la *dette publique*, expliquent mieux le phénomène dont il s'agit ici.

Le droit des gens reconnaît ce mandat réciproque, et les délits politiques y sont classés parmi les *défaites* plutôt que parmi les crimes ou attaques contre la cause commune de tout état. Qu'on se figure au contraire un mandat tacite ou même exprès qui résulterait uniquement du temps et qui se baserait sur les services *futurs* d'un chef ou d'un souverain, il n'y aura là d'autre titre qu'une confiance *personnelle*, qui non-seulement ne serait point transmissible comme *propriété*, mais qui serait au contraire essentiellement révocable, et ne lierait pas même ceux qui n'ont pas pu ou voulu donner leur consentement.

En raisonnant d'après ces principes, on parviendra facilement à trancher, à l'aide de la philosophie, les questions de la plus haute portée et à résoudre les problèmes les plus hardis de la science, sans s'exposer aux embarras logiques au milieu desquels tant de publicistes se débattent péniblement (1).

---

(1) Le soin de déguiser les points vulnérables d'un système et les conséquences compromettantes d'un faux principe, absorbe assez souvent l'attention et les ressources intellectuelles des auteurs.

En Allemagne surtout, la tendance pédantesque des ju-

Il est un fait qui vient puissamment en aide à ces idées. Partout, dans l'histoire des peuples, et surtout dans l'histoire du moyen âge, nous voyons les princes soutenir l'éclat de leur dignité avec leurs ressources personnelles, avec le produit de leurs domaines dont ils consacrèrent les revenus au bien-être et à la tranquillité publique. Si depuis tout a changé, s'il leur a fallu l'assistance des peuples, si des prestations de toute espèce leur sont devenues nécessaires, si enfin les circonstances ont amené des transactions, des pri-

---

risconsultes se refuse difficilement la satisfaction bibliographique de hérisser les ouvrages de citations sans valeur, et de mettre en relief des ouvrages dont l'effrayante étendue ne peut en aucune façon compenser la nullité scientifique.

Dernièrement, M. le professeur Maurenbrecher a publié un traité assez laborieux dans lequel il s'est efforcé de démontrer, en faveur des anciennes maisons régnantes de l'Allemagne, l'existence d'une souveraineté *tout à fait patrimoniale*. L'honorable professeur a cru, sans scrupule, pouvoir chercher simultanément dans les actes récemment émanés de ces princes, et dans les faits d'une antiquité plus reculée, des arguments en faveur de sa thèse. C'était fort bien de combattre les systèmes des philosophes modernes, notamment celui du contrat social et la théorie moitié éclectique que M. Klüber en a voulu tirer, à l'usage de l'École allemande; mais après avoir renversé il fallait construire, et c'est ce que M. Maurenbrecher n'a pas fait. Loin de là! faisant acte de renonciation à toutes les données de la philosophie, M. Maurenbrecher a fini par reconnaître un pouvoir purement *patrimonial et disponible*, un pouvoir sans limites et sans garanties autres que celles des *principes moraux*, qui forment un apanage infaillible et inhérent à la *personne* du prince. Un livre aussi dynastique est sûr de n'exciter ni défiance ni mesures de répression.   (*Note du traducteur.*)

viléges, des chartes ou des institutions de nature démocratique, il en est naturellement résulté des situations mixtes, des précédents historiques qui permettent moins encore d'avoir recours au principe d'un gouvernement purement patrimonial, pas même dans le sens que nous avons indiqué tantôt. Ce que les hommes sont forcés de subir ou de faire pour sauver l'indépendance de leur volonté, ils ne peuvent jamais être censés l'avoir fait ou subi pour se mettre à la merci du caprice.

La grande société ou union de principe, formée, comme nous l'avons vu, en vertu d'une mission, d'un mandat essentiellement réciproque, ne saurait se réaliser que par un concours de moyens et même de sacrifices imposés à ses membres. Celui qui aspire *au but* doit être présumé vouloir *les moyens*. C'est encore *le temps seul*, qui, se glissant entre l'un et les autres dans la représentation sensuelle, semble pour ainsi dire en masquer l'identité et la coïncidence (1). Il y aura donc nécessairement, outre la société idéale *autant que ce sera nécessaire* (dans le temps et dans l'espace), une société *secondaire*, savoir : une *société* de voies et de moyens ou de réalisation, unie à l'autre. C'est *cette dernière* et non la société fondamentale qui admet une pluralité d'États. *Ce qui est circonscrit, séparé ou divisé par rapport aux voies et moyens,*

---

(1) L'esprit de causalité, en écartant le temps, ne représente le but et le moyen qu'en parfaite unité, ce moyen *est* à la volonté et à son objet (*Zweck*) dans le même rapport que la conséquence à sa cause, lesquelles, comme nous avons vu, coïncident devant la raison.

reste uni par le principe, et c'est le développement rationnel du principe de cette union qui forme la sphère toute particulière du droit des gens. La guerre entre états n'est raisonnablement possible que sous le point de vue du principe *secondaire* ou de *l'union de moyens*. Le principe essentiel, au contraire, objet de la société fondamentale, doit rester l'objet du plus inaltérable respect(1). Vouloir donner au droit des gens comme science spéciale une base solide, et ne trouver dans l'ignorance de ce double caractère de tout État, pour base de son système, que *le droit de l'homme dans l'état de pure nature*, ainsi que l'a fait *Klüber*, c'est à peu

---

(1) Ce que Kant a trouvé inexplicable nous semble pouvoir se résoudre à l'aide de ces principes. On n'aura pas besoin, comme le philosophe de Kœnigsberg, de contester à l'État tout caractère de société et de mettre celui de pure sujétion à sa place : ce serait substituer l'apparence à la réalité. Le prétendu système de droit et de politique que ce grand philosophe a cru devoir adopter porte l'empreinte d'une docilité, ou, pour mieux dire, d'un piétisme politique qui trouvent leur excuse dans l'âge alors avancé de Kant, mais qui n'en ont pas moins retardé plutôt qu'avancé la science. Ce qu'il propose n'est qu'un pénible amalgame de réflexions la plupart morales, qui finissent par réduire le peuple, tout en lui reconnaissant la souveraineté, à l'état d'une soumission presque stupide. L'origine de tout pouvoir politique, selon lui, doit passer pour impénétrable ; au moins n'y reconnaît-il qu'un fait tout simple et ne veut-il point permettre d'y voir autre chose. Il semble tantôt dénier aux sujets toute espèce de droit vis-à-vis du souverain et tantôt il l'admet, en autorisant formellement le souverain *à l'éluder à l'aide d'une constitution*. Celle-ci est qualifiée par lui un moyen très-prudent et même *incontestablement permis de tromper le peuple*.

près comme si l'on inaugurait le système en niant la science.

La distinction d'une société double, l'une de *principe* ou *absolue*, et l'autre, *de voies et moyens*, ou *conditionnelle*, peut seule servir de base au droit des gens. En général, les livres s'apprécient par la beauté des formes et l'utilité relative de quelques détails, et on s'enquiert trop peu de la solidité des principes. Mais les mérites purement littéraires d'un auteur ne doivent jamais préjudicier à la cause de la vérité, ni servir de bouclier à la faiblesse des doctrines, surtout lorsque l'auteur a verbalement aspiré au mérite d'une *clarté et d'une précision utiles à ceux qui désirent se livrer à une étude plus profonde*.

Rien n'est au reste plus naturel que d'appliquer à une pluralité d'États, *si nous ne regardons que leur caractère de sociétés de voies et de moyens* (1), ces principes juridiques et sociaux, destinés à régir une pluralité d'individus isolés. Il est ici raisonnablement permis de mettre sur la même ligne les personnes morales et physiques. Chaque membre de l'une et de l'autre catégorie de pluralités fait donc partie de la société fondamentale, indépendante du hasard, absolue, qui a pour objet le principe d'un état de volonté (causalité active) non troublée. Le mandat tacite, qui est la source première de tout État naissant, opère de même entre les États déjà formés, quelle que soit au surplus la forme de leur organisation intérieure. Rien n'empêche qu'il y ait des républiques de répu-

---

(1) C'est ce caractère que Klüber semble avoir uniquement considéré dans son *Traité du droit des gens*.

bliques, quoique tout mécanisme trop compliqué soit difficile à conserver et menacé à chaque instant de dissolution. L'histoire nous présente le phénomène de cette espèce d'union politique dans l'ancienne Grèce, en Suisse, en Amérique, et en Allemagne depuis 1815. Même, à défaut d'une pareille union, le mandat tacite, source de toute politique, opère également sur les individualités morales et physiques. Ainsi, l'avenir, en offrant l'exemple de nouveaux Pyrrhus conduits par le principe *tout cru* de la conquête, pourrait montrer aussi celui de la suprématie d'un État vengeur officieux, protecteur de ses semblables, se faisant le prince des princes, modérateur et créancier des plus faibles. *Sed Deus avertat!*

Nous voudrions, pour beaucoup, qu'il nous fût donné de croire à la possibilité de la paix éternelle de *Kant*; mais nous craignons fort que ce beau idéal ne s'achetât, en dernière analyse, par de nouveaux sacrifices, et au prix du reste de cette liberté individuelle qu'originairement on a voulu protéger. Mieux vaudraient des privations matérielles, et même des chances de guerre, que l'enchaînement hypocrite des idées, perpétré à l'aide du mutisme imposé aux peuples et à l'aide d'un odieux monopole de la pensée.

Toute société formant un État politique se réduit, en dernière analyse, à une garantie de l'exercice de la volonté ou de la causalité contre les obstacles provenant du phénomène de la *pluralité* des volontés. La doctrine n'aura pas grande peine à démontrer que cela ne peut s'effectuer que par un *organe* prêté à l'unité idéale de principe, ou par une *volonté nécessaire*, substituée à la volonté contingente; enfin, par la *justice*. La justice doit réaliser le type en obviant au conflit soulevé entre les objets de la volonté par la pluralité et l'inconstance humaine. Quel sera alors le code que la justice doit suivre en opérant sur la matière, ou quel est le principe d'ordre naturel qu'elle doit réaliser? Nous répondons : le code n'ordonne que *le type malgré le temps*, et ne s'ouvre qu'en cas de conflit, en soumettant tout mouvement *au principe le plus hostile au temps* : Prior tempore, potior jure. Voici donc la première loi d'un code universel : *La matière et l'expérience marchent en raison directe, et le droit en raison inverse du temps qui s'écoule* (1).

Comment former maintenant la transition du *principe en apparence stérile* à l'empire du temps où nous a placés notre organisation? Est-ce que tout finit par la loi que nous venons d'établir? Est-ce que le code se résume dans le type ou l'état que nous avons caractérisé (pag. 21, ci-dessus) comme idéal ou exempt de tout mouvement, de toute empreinte du temps et de l'espace, et n'offrant en apparence aucun sujet d'application à une doctrine de l'état social?

---

(1) Les premières prennent leur source dans la perception soumise à l'espace et le temps, et le second dans la raison ou la tendance à la causalité, qui les renie l'un et l'autre. Le même principe, devenu lieu commun, et dont cependant on connaîtra bientôt l'empire, a été jusqu'ici tellement familier à tout le monde qu'on ne l'a malheureusement pas trouvé digne d'être mûrement examiné dans toute sa portée. Pourquoi le monde visible marche-t-il *de front* et l'idéal *à l'inverse du temps*?

Évidemment, le même principe doit présider au mouvement de toute pluralité douée de raison, et le code, après avoir posé le principe, ne peut qu'en détailler l'application.

Nous vivons cependant dans le temps qui fait changer continuellement les rapports réciproques des individus; nous voyons un échange continuel d'objets de convoitise opéré par des *pactes* soit tacites, soit formels, et approuvés par le juge ou par l'organe de la volonté idéale et universelle? Mais c'est précisément dans les *pactes* que nous trouvons la preuve de la justesse de notre proposition. Quelle serait la valeur des pactes, véritables phénomènes de causalité active, d'une volonté non troublée, si le juge, en les adoptant pour base, ne les protégeait contre tout ce que la pluralité et les velléités contingentes, en un mot que le temps pourrait vouloir y opposer? C'est cette conformité de la volonté d'une pluralité individuelle qui doit nécessairement tenir lieu du type au juge; et pour régler la matière, il remonte au moment où la volonté et la matière, la cause et l'effet se confondaient dans la raison des contractants. Telle est, en définitive, toute la théorie des pactes.

La grande union ayant pour objet le *principe* fondamental, immédiat et essentiel de notre volonté, se forme d'elle-même (*à priori*); mais toutes les autres ayant pour objet des choses empreintes du temps et de l'espace, ne se forment que par l'application de la première dans le temps (1). Ce sont les pactes qui ré-

---

(1) Il n'en est pas tout à fait ainsi du contrat de société secondaire, de la société de voies et moyens, qui sert à la réali-

gentent l'inconstance de la volonté humaine, en lui assignant les objets sur lesquels elle doit s'exercer. Les pactes assignent la *propriété* d'un objet quelconque, et ne diffèrent doctrinalement entre eux que par l'empreinte que cet objet tient *du temps*. C'est la raison du juge qui l'en dépouille. Le juge ne reconnaîtra, par exemple, dans la dette (de quelque nature qu'elle

---

sation de la société politique absolue ou fondamentale. La société secondaire n'a lieu et ne subsiste qu'à titre de moyen, et elle coïncide avec la société absolue qui l'emporte en vertu du lien d'unité et de causalité. Le mandat tacite que nous avons cru devoir prendre pour point de départ autorise donc nécessairement l'emploi des moyens, et comprend tout l'appareil nécessaire de l'exécution. Voilà peut-être la source unique des reproches de violence et de despotisme qui ont presque toujours été adressés aux fondateurs ou régénérateurs des États, et qui ont terni l'éclat et le mérite de leurs efforts.

Les voies et moyens de l'établissement des garanties sociales et du principe, sont du ressort de *l'expérience*. Ils ne peuvent pas être les mêmes, ni pour chaque pays, ni pour chaque peuple, ni même pour les différentes époques historiques de chaque peuple. Rien n'est plus relatif que tout ce qui s'y rapporte ; et il faut regretter les inutiles efforts de ceux qui espèrent découvrir une solution absolue, dictée par la raison pure, sur les moyens de l'éducation publique, notamment sur l'admissibilité de la peine de mort, enfin sur la proportion dans laquelle chaque membre de la société peut être tenu de contribuer à l'ordre public par le sacrifice d'une partie de sa liberté. La législation positive s'est vue forcée même de déroger au principe essentiel : « *Prior tempore, potior jure.* » L'infirmité humaine ne pourrait point exiger que le juge remontât à un passé plus éloigné que de mémoire d'homme ? Comment enfin limiter ce passé sans le secours de la prescription ?

puisse être) d'un individu, que la propriété d'un autre. Ce qu'on appelle *obligation* (espèce de nécessité morale absolument étrangère à la jurisprudence) ne trompe pas le juge; il n'y voit que *propriété déplacée*, *déguisée* par l'espace et le temps qui s'y interposent (*œs alienum*) (1).

Depuis que la force dite obligatoire des pactes a fait l'objet de la méditation des savants, la question de la fusion entre la philosophie morale et le droit a toujours été la pierre d'achoppement. L'idée d'une *obligation* parut toujours impliquer une *nécessité morale*; celle-ci cependant ne peut pas être du ressort de la jurisprudence, vu que cette dernière ne s'occupe en principe que du matériel, et non pas de la source intérieure ou morale de nos actions, et n'offre, en dernière analyse, que le code que le juge doit suivre. Comment maintenant assigner à l'une et à l'autre de ces doctrines la part qui lui appartient? Un grand nombre de jurisconsultes philosophes, surtout en Allemagne, se sont occupés de la recherche du véritable principe obligatoire des pactes. Un examen approfondi de la nature des pactes démontre bientôt qu'un principe obligatoire

---

(1) L'auteur nomme droit et propriété le rapport qui subsiste entre la volonté et son objet, lorsqu'il ne répugne pas au principe général d'une causalité active non troublée. Le même rapport, selon lui, envisagé relativement à la volonté, s'appelle *droit;* relativement à l'objet, il s'appelle *propriété*. Voilà une distinction qui résout des difficultés de bien ancienne date. Néanmoins le lien formé entre la causalité active de l'homme et son objet, par conséquent toute propriété, ne repose toujours que sur l'unité dans laquelle la raison confond toute cause avec son effet.

ne peut jamais être fourni par la jurisprudence, ni même entrer dans le cercle des motifs qui dirigent l'activité du juge. Si nous purifions le phénomène du pacte de toute empreinte du temps, l'on n'y reconnaîtra plus qu'un contact des propriétés, paisible et régulier, quoique opéré, dans le temps, par la transmission de ces propriétés à un autre. Le déplacement momentané de la matière du pacte, résultant de l'impossibilité physique de tradition, ou résultant de la faute de la partie contractante, n'empêche pas le juge d'y reconnaître une propriété, et d'en faire jouir le propriétaire, en écartant le *temps*, ou lui adjugeant, à titre de *moyen subsidiaire*, des dommages-intérêts. Le pacte est donc pour le juge un état ou un moment de parfait équilibre, auquel il remonte par voie rétrocessive ; c'est le type auquel il se fixe, malgré le temps qui s'est écoulé depuis : *Prior tempore, potior jure.*

La nécessité morale qui pourra résulter, pour le débiteur, de se dessaisir de l'objet au profit du nouveau propriétaire, ne devra point troubler le discernement du juge. Il abandonnera les considérations exclusivement empruntées à la morale, pour s'en tenir à ce qui est de son ressort, *la propriété*, et peu importe que cet objet soit *un* et *concret*, ou qu'il consiste dans une continuité de prestations. Le juge, en protégeant ainsi la causalité active menacée ou entravée, fait remettre au propriétaire ce qui lui appartient en vertu du pacte. *Obligation et devoir, dans leur acception morale*, sont des expressions vides de sens pour le juge et pour le code auquel il se conforme.

Nulle pensée législative n'est d'une plus haute portée, et d'une concision plus philosophique, que

celle de l'art. 1138 du Code civil français. « L'obli-
» gation rend le créancier propriétaire et met la
» chose à ses risques. » Il y a là l'oubli le plus complet
du temps et de l'espace; la propriété passe à travers
l'un et l'autre et *immédiatement* à la partie contractante, et l'obligation se trouve immédiatement
anéantie ou remplacée par l'effet, en un mot, traitée
en synonyme de transmission de propriété. Rien, au
contraire, ne semble plus vague, sur ce point, que la
législation romaine. En faisant sa part au temps, elle
s'est vu forcée de reconnaître un état intermédiaire
de pure possession, soutenu par de prétendus *remè-
des*, où se remarquent une infinité de lacunes. Voilà
un vaste champ pour les stériles argumentations des
pédants.

On se vit, dans la matière du contrat de vente,
réduit à accepter cette étrange anomalie, que les
risques seuls seront à la charge de l'acheteur, *sans
la propriété*. La législation romaine, en faisant dé-
pendre la propriété de l'exécution des pactes, s'é-
loigne du type normal et entraîne des difficultés
qu'elle semble ne pas avoir su aplanir. Ainsi, lorsque
le temps et l'espace, se glissant toujours entre l'exécution réciproque du pacte, rendent plus ou moins
impossible une simultanéité parfaite, telle que les
Codes se plaisent à la supposer, la méfiance peut très-
facilement naître, par rapport à la priorité des in-
térêts directement opposés des parties. C'est alors à
qui sera satisfait en premier lieu. La raison pure,
étrangère à toute intervention du temps et de l'espace,
ne saurait trancher la question, et la législation, pour
assimiler ce fait au type, devait nécessairement ou-

vrir un champ plus vaste à l'arbitre du juge. N'admettre enfin la poursuite en justice que sous la condition que le demandeur aura parfaitement rempli le contrat en ce qui le concerne, pourrait, dans le cas de méfiance juste, mais improbable, équivaloir à un déni formel de justice.

Notre théorie des pactes ne nous ayant fait reconnaître qu'une *transmission de propriété*, on pourrait objecter que, d'après ces principes, chaque pacte non exécuté prendrait, de même que le vol et la rapine, le caractère d'un crime, et rentrerait sous l'empire des mêmes lois pénales; ce qui répugne évidemment à la conscience publique.

Nous répondrons qu'envisagée du point de vue moral, la simple non-exécution d'un pacte pourrait bien, d'après les circonstances, paraître plus blâmable encore que maint acte puni par les lois pénales. Mais considérée politiquement, elle ne pourrait jamais constituer un crime, vu qu'elle n'empêcherait pas la partie lésée d'avoir recours à la justice. Ce n'est qu'en lui interdisant ce recours, en éludant l'action du juge et en attaquant ainsi le principe de tout État, que vous forcez celui-ci à se défendre. Un pareil acte se commet, par exemple, si vous privez un autre de son bien sans qu'il sache par qui l'acte a été commis, et sans qu'il puisse vous trouver, ou si vous lui faites éprouver une perte plus ou moins irréparable et qui rende illusoire toute action du juge; enfin, si vous éludez sciemment cette dernière. C'est précisément cette conscience unie à l'acte qui constitue le délit et qui règle ce qu'on appelle la moralité juridique de l'action.

Les hypothèses que nous venons de citer tendraient

directement à la subversion de l'État, si l'éducation publique n'y portait remède par l'établissement de peines sévères. Les peines, pieusement considérées par maint auteur comme une sorte de luxe religieux, nous paraissent, au contraire, une conséquence fatale mais indispensable des nécessités politiques; car elles sont le moyen d'assurer la réalisation du type, qui, vu son inflexibilité, ne s'emploie que sous la responsabilité toute particulière de l'autorité. C'est sous la dictée de l'expérience que s'établissent les codes criminels. Ils ne servent, comme toute loi particulière, qu'à régulariser l'action du juge et à lui donner de l'uniformité. Loin de nous de les prendre pour des catéchismes de morale publique. On a puni avant qu'il n'y ait eu des codes et on punirait encore si ces codes n'existaient pas : on punirait même en suppléant aux lacunes que les codes existants pourraient offrir, si une disposition expresse ne s'y opposait. Mais quelque punissable qu'un acte puisse paraître, le temps qui s'est écoulé depuis désarme le juge vis-à-vis d'un individu qui, au fond, n'est plus tout à fait le même, et dont le délit a disparu par l'oubli. De là les termes de prescription fixés par les codes.

La société normale et fondamentale fournit seule la base des lois qui régissent les pactes, comme en général tout mouvement raisonnable ; et, bien qu'elle ne contienne pas en elle-même les garanties nécessaires de leur exécution, elle autorise l'établissement de ces garanties, en vertu du mandat tacite dont nous avons déjà examiné la portée. Les pactes, ainsi que leurs diverses modalités, ne sont pas des inventions des législateurs et des codes : ceux-ci n'en sont que l'expression, et ne présentent que la rédaction par écrit des décisions de la société humaine. C'est ainsi, par exemple, que la législation romaine n'a pu résister à la force obligatoire des pactes, une fois qu'ils furent admis par le peuple et le commerce, bien qu'ils fussent dépourvus des formes des stipulations.

On a souvent vanté, et avec raison, le grand avantage que la civilisation tire de l'extension du commerce ; car les pactes ou contrats rappellent la grande union de principe dont ils font l'application et qui seule peut leur servir de base. Ce n'est pas précisément l'habileté du négociant à faire des gains d'argent dans ses rapports mercantiles, qu'on doit considérer comme le vrai moteur de la civilisation, et moins encore l'astuce et la ruse que le marchand a peut-être employées pour réaliser des bénéfices. Une pareille doctrine, malheureusement trop répandue parmi les commerçants, serait déplorable. Ce n'est pas l'accumulation des richesses qui sert directement au progrès de l'humanité ; c'est plutôt la nécessité absolue de reconnaître, pour y parvenir de part et d'autre, la société fondamentale ou de principe, en un mot, l'appel de la raison à un état de causalité active non entravée.

Toutefois on ne peut méconnaître que le désir de posséder ne devienne quelquefois un moyen de civilisation, tout aussi bien que la guerre est souvent un profit pour l'humanité, non point parce qu'elle détruit des hommes, mais parce qu'elle excite la vigueur des nations, et parce qu'elle ouvre le champ à l'héroïsme. Le commerce et la guerre sont utiles, en quelque sorte sans le vouloir, et ils offrent le meilleur commentaire de ce que nous avons avancé plus haut sur le jeu.

Ce que nous avons jusqu'ici appelé *matière* des pactes, ou objet de notre volonté ou causalité active en général, comprend le vaste ensemble du monde physique et intellectuel, *en tant que nous l'opposons à la volonté elle-même*. Rien n'empêche donc que l'usage possible du talent et de la science d'autrui fasse partie d'une propriété. La matière, en tout cas, si nous la considérons en elle-même, n'est pas une masse *morte*. Nous ne devons pas y ranger exclusivement ce que nous appelons le monde physique. Les choses de tous les degrés d'organisme et vitalité, que la nature semble mettre à notre disposition, manquent de personnalité et n'obéissent qu'aux lois du temps et de l'espace (si nous faisions erreur sur ce point, que Brahmâ veuille pardonner à notre aveuglement); cependant, non-seulement les organismes qui jouissent d'une vitalité incontestable, mais tout ce qui semble même ne pas entrer dans leur catégorie, par exemple, la masse que nous nous plaisons à résoudre en atomes, ne peut être considéré comme corps absolument mort. Les *atomes* eux-mêmes ne manquent pas d'une certaine vitalité : ils obéissent à certaines lois, à celles de l'attraction, de la gravitation, etc. Or, *obéir c'est vivre*; mais nous devons laisser aux naturalistes le soin d'établir les codes des degrés inférieurs de vitalité.

Jetons enfin, sans entrer plus amplement en matière, un coup d'œil sur cette grande union à laquelle nous appelle le conflit de notre raison avec les formes en apparence humiliantes de nos intuitions, entre l'unité d'un côté et la pluralité de l'autre. C'est évidemment ce besoin urgent d'un appui pour notre existence raisonnable et pour notre causalité active, dont les objets se heurtent dans l'espace, qui semble avoir donné l'éveil à notre esprit et lui avoir imprimé l'essor nécessaire pour assimiler notre état, à travers le temps et l'espace, à un autre plus ou moins éloigné, et qui ouvre un champ plus vaste et plus noble à la volonté universelle.

www.ingramcontent.com/pod-product-compliance
Lightning Source LLC
LaVergne TN
LVHW022207080426
835511LV00008B/1630